L n° 27. 1845 9.

FASTES NOBILIAIRES.

NOTICE BIOGRAPHIQUE

SUR

LA VIE ET LES ÉCRITS DE MADAME LA PRINCESSE

CONSTANCE

DE SALM-DYCK.

PUBLIÉE PAR

MM. TISSERON ET DE QUINCY.

MADAME LA PRINCESSE

CONSTANCE

DE SALM-DYCK.

———•◆•———

Constance-Marie de Théis, princesse de Salm-Dyck, est née à Nantes, le 7 novembre 1767. Son père était descendant d'une famille noble, originaire de la Picardie. Homme distingué par son esprit et par son savoir, ayant déjà acquis quelque réputation littéraire, M. de Théis ne négligea rien pour développer, nourrir et éclairer l'esprit de sa fille, qui, encore enfant, annonçait ce qu'elle pouvait être un jour. L'histoire de tous les peuples, les écrits des poëtes anciens, ceux des philosophes de tous les temps devinrent sa lecture favorite, et rien ne lui fut étranger, car, sortant de la route frayée, elle entreprit de plus sérieuses études. Les difficultés des langues, et même celles des mathématiques ne rebutèrent point cette nature avide de savoir, et cet esprit investigateur incessamment tendu à la recherche de l'inconnu. Aussi, à peine âgée de dix-huit ans, parlait-elle plusieurs langues, et avait-elle fait de rapides progrès dans la science aride des Laplace et des Lalande et dans la composition musicale.

Mais c'est dans la poésie qu'elle devait se faire cette brillante réputation qu'elle a acquise depuis. En 1785, elle fit paraître un sonnet et un rondeau dans le *Journal général de France*; ces premiers essais de mademoiselle Constance de Théis furent couronnés d'un plein succès, et suivis de quelques autres pièces de vers, parmi lesquelles nous pourrons citer la fameuse romance de *Bouton de rose*, ils engagèrent l'auteur à persévérer dans la route qu'elle s'était tracée. Pendant plusieurs années, jusqu'en 1789, mademoiselle de Théis continua à faire paraître un grand nombre de poésies, toutes empreintes de cette candide juvénilité de sentiments qui n'appartient qu'aux premières années de l'être pensant, et dans lesquelles cependant, déjà on trouve cette force de style et ces hautes pensées philosophiques qui sont le caractère distinctif de ses écrits.

Ce fut à cette époque que Mademoiselle de Théis épousa M. Pipelet de Leury, homme opulent et dont le père était secrétaire du roi. Fixée à Paris par cette union, Madame Pipelet de Leury vit bientôt accourir dans ses salons, attirées par l'attrait de son esprit et l'éclat de sa beauté, toutes les notabilités artistiques et littéraires qui se trouvaient dans la capitale de la France.

Cependant la révolution venait d'éclater, et plus tard, quand aux grandes pensées qu'elle avait développées, succéda le règne anarchique de la terreur menaçant le lendemain de chacun; sans se laisser abattre par les évènements qui pouvaient accabler les âmes les plus fortes, madame Pipelet trouva dans la solitude à laquelle elle se voua, des consolations si nécessaires, et une source de grandes inspirations qui donnèrent une nouvelle force et un nouvel éclat à son génie poétique. Dans sa retraite, la femme surnommée par Chénier la *Muse de la raison*, et par un autre poète le *Boileau des femmes,* s'occupa avec ardeur d'un travail qui à lui seul pouvait assurer sa renommée, et lorsque à la terreur, cette époque de sanglantes proscriptions, succédèrent des jours meilleurs et plus calmes, madame Constance Pipelet fit représenter, sur le théâtre de la rue de Louvois, sa *Sapho,* tragédie lyrique en trois actes et en vers, dont le célèbre Martini avait composé la musique. Cet opéra obtint un immense succès, et cent représentations ne suffirent point pour contenter le public toujours avide de venir entendre une poésie riche de sentiments, de fortes et touchantes expressions, et une musique toujours appropriée aux situations vives et saisissantes de la vie de Sapho, et qui avaient été si bien rendues par madame Pipelet de Leury.

Plus tard, elle publia son *Épitre aux femmes* en réponse à des stances satiriques qu'avait faites Lebrun, jaloux de ce que des vers qu'il avait lus dans une société y avaient été moins applaudis que ceux que venait de lire madame Beaufort d'Hautpoul. C'est dans la *Décade philosophique* que parut cette satire contre les femmes auteurs dans laquelle se trouvait ce vers :

L'encre sied mal aux doigts de rose.

Quoique cette rude apostrophe ne s'adressât pas à madame Pipelet de Leury (Lebrun lui ayant même écrit qu'il la regardait comme une exception, et qu'il la priait de ne point se croire obligée de répondre à cette attaque). Elle jugea cependant qu'il y allait de son honneur de défendre et de venger son sexe, si violemment attaqué.

Après quelques prolégomènes indispensables, voici comment commençait cette épitre :

«Si la nature a fait deux sexes différents,
Elle a changé la forme et non les éléments.

Même loi, même erreur, même ivresse les guide;
L'un et l'autre propose, exécute, ou décide;
Les charges, les pouvoirs, entre eux deux compensés,
Par un ordre immuable y restent balancés;
Tous deux pensent régner, et tous deux obéissent;
Ensemble ils sont heureux, séparés ils languissent :
Tour à tour l'un de l'autre enfin guide et soutien,
Même en se donnant tout, ils ne se doivent rien.»

A la lecture de ces vers, lus par l'auteur, en pleine assemblée du Lycée, où Laharpe professait, l'attention de chacun fut vivement excitée, et l'on arriva au comble de l'enthousiasme quand on entendit ces vers qui terminaient cette chaleureuse et brillante plaidoirie.

«O femme qui brûlez de l'ardeur qui m'anime,
Cessez donc d'étouffer un transport légitime !
Les hommes vainement raisonnent sur nos goûts :
Ils ne peuvent juger ce qui se passe en nous.
Qu'ils dirigent l'état, que leur bras le protége;
Nous leur abandonnons ce noble privilége;
Nous leur abandonnons le prix de la valeur;
Mais les arts sont à tous ainsi que le bonheur.»

On ne saurait croire combien cette pièce de vers (qui est certainement un des plus beaux morceaux de poésies qu'ait jamais faits madame la princesse de Salm) rencontra de passionnés admirateurs, qui allaient partout, vantant, non sans raison, le beau talent de son auteur, ainsi que la puissance de son raisonnement.

L'auteur publia ensuite l'*Epitre sur les dissen-*

sions des gens de lettres, qui ne fut pas moins vivement applaudie. Nous citerons entre autres les vers suivants, remarquables par la vérité et par la force des sentiments qui les avaient inspirés.

«Cessez, cessez enfin de porter au Parnasse
L'épigramme odieuse ou la sombre menace ;
Cessez, cessez enfin d'applaudir lâchement
A l'art pernicieux de faire un vers méchant.
L'esprit n'est pas en vous tout ce que l'on souhaite :
Il faut être honnête homme avant d'être poète.
Qu'importe le talent, s'il cache un cœur gâté ?
Qu'importe un nom connu, s'il devient détesté ?
L'art de blesser n'est pas un art si difficile;
N'est-on pas tous les jours piqué par un reptile ?»

Cependant le succès mérité qu'avait obtenu *Sapho* engagea son auteur à faire un drame, dont le sujet était tiré du roman de *Camille*, ou *Lettres de deux filles de ce siècle*. Ce drame en cinq actes et en vers, fut donné au Théâtre-Français (en 1799), mais des critiques injustes déterminèrent l'auteur à le retirer à l'intant du théâtre, quoique la seconde représentation en fût déjà annoncée.

En 1802, madame Pipelet de Leury, dont le talent et la réputation s'augmentaient chaque jour, épousa en secondes noces M. de Salm-Dyck, ancien comte d'Empire, dont les possessions, situées sur les bords du Rhin, venaient d'être réunies à la France, et qui reprit son titre de

Prince en 1817. Le Prince de Salm, homme de savoir et doué d'une haute intelligence, peut passer, à juste titre, pour un de nos premiers botanistes. Il possède un magnifique jardin, orné des plantes les plus rares. Il a publié, il y a quelque temps, un savant ouvrage sur les aloës. dont les journaux ont fait le plus grand éloge,

La nouvelle et brillante position dans laquelle se trouva madame de Salm, n'affaiblit pas son ardeur littéraire, car, peu de temps après son mariage, elle publia l'*Épitre sur l'indépendance de l'homme de lettres*, et celle : *A un viel auteur mécontent de se voir oublié*, puis ensuite d'autres: sur la *Campagne*, sur la *Rime*, sur la *Philosophie*, *A un honnête homme qui veut devenir intrigant*, etc., chacune d'elles renferment des vérités pleines de vigueur et des raisonnements toujours justes, et que l'on peut dire saisissants. Dans l'*Épitre à un vieil auteur* se trouvent les vers suivants que nous ne pouvons nous empêcher de citer :

«Ici-bas, cher Damon, tout doit avoir son cours;
Chacun brille un instant, nul ne brille toujours.
Le destin éternel en ses lois immuable
Pour l'homme passager ne fait rien de durable ;
Le succès, le mérite, ainsi que la beauté,
Par le moment qui fuit est sans cesse emporté ;
Et la gloire des grands, des héros et des sages
Même s'abîmera dans l'océan des âges.

Nous ne devons pas oublier de dire que l'*Épi-*

tre à *Napoléon*, qui est une suite de six épitres, adressées à *Sophie*, est une réclamation en faveur des droits de la femme, aussi fut-elle assez importante pour frapper les yeux de l'empereur. Dans une des notes des œuvres de madame de Salm, nous lisons que Napoléon dans une soirée aux Tuilleries, vint à elle et lui dit ces paroles : « *J'ai lu vos vers, vous avez raison ; c'est bien, très bien.* »

En 1828, l'auteur fit paraître l'*Épitre sur l'esprit et l'aveuglement du siècle*, ouvrage qui à lui seul eût suffi pour mettre le sceau à sa renommée littéraire, et qui classe la princesse de Salm au rang des premiers poètes de notre époque. Dans ce morceau de poésie, l'auteur, embrassant d'un coup d'œil rapide, tous les états de la vieille Europe, offre à notre vue le tableau des grands événements qui se sont succédés depuis trente ans, et dont elle a été témoin. En parlant de la grande expédition de Russie, elle dit :

«Mais que vois-je, grand Dieu ! dans ces déserts glacés ?
Quels sont ces ossements l'un sur l'autre pressés ?
O France ! ô mon pays ! ô jour épouvantable !
O de l'aveuglement exemple mémorable !
Les voilà ces vainqueurs des peuples, des états,
Les voilà ! pleins d'ardeur ils volaient aux combats ;
La mort qui reculait devant leur vieille gloire
A, dans ces champs déserts terminé leur victoire ;
Leur masse formidable est tombée à l'instant ;
Sans avoir combattu, l'ennemi triomphant

D'un pied audacieux a foulé leur poussière,
Et le malheur a fait ce que nul n'eût pu faire. »

Nous citerons de plus les vers suivants, et on verra quelles profondes observations et quelle haute philosophie ils renferment :

« Osons le dire : tout et commence et s'achève ;
Le temps du chêne altier vient altérer la sève ;
Le fruit mûri, tombé, n'offre à notre regard
Que le germe des fruits qui renaîtront plus tard.
L'homme même, des ans quand il subit l'outrage,
Voit dans ses fils grandis reparaître un autre âge.
Pourquoi les nations, les peuples, les états
Dans ce cercle éternel ne tourneraient-ils pas ?
Ces trônes que le temps élève et fait descendre,
Cette Grèce oubliée et qui sort de sa cendre,
Ces empires puissants aujourd'hui disparus,
D'autres déjà brillants et naguère inconnus,
Tout ne prouve-t-il pas que des lois immuables
Dirigent l'univers par des moyens semblables ?
Pourquoi l'esprit humain dans cette immensité
De l'ordre général serait-il excepté ?
Pourquoi nous, dont les temps ont attesté l'enfance,
Nous, dont ils ont vu naître et croître la science,
Nous, aujourd'hui foyer de toutes les clartés,
Nous qui sommes enfin au plus haut point montés,
Ne toucherions-nous pas à ce moment suprême
Où tout se décompose et s'éteint de soi-même ?
Et pourquoi nos excès, nos troubles, nos fureurs,
N'en paraîtraient-ils pas les grands avant-coureurs.

Après cette épitre, parut l'*Épitre aux souverains absolus,* qui en est en quelque sorte la suite, et qui ne fit pas moins de sensation. Maintenant nous parlerons des Poésies diverses, faites à différentes époques de la vie de l'auteur, telles que : l'*Attente et le retour, Réponse à Paul-Louis Courier, Aux jurés qui admettent trop facilement les circonstances atténuantes, Conseils aux femmes*, etc. ; poésies auxquelles vinrent se joindre quelques Moralités, écrites dans ces derniers temps. Nous citerons parmi les plus remarquables, *Les cinq actes de la vie.*

«Le drame de la vie, hélas! est peu de chose ;
Au drame de la scène on peut le comparer :
Jusques au dénoûment jamais on n'y repose
Bien ou mal, pauvre ou riche, on doit y figurer.

Au premier acte on naît : avec peine on s'avance
A travers mille écueils, vers un but ignoré.
Au second, on s'éclaire, on pressent l'existence,
A de vagues désirs on est déjà livré.

Au troisième, emporté par une aveugle ivresse,
Par le monde, l'amour, les renaissants plaisirs,
On ose, on brave tout, on s'égare sans cesse,
On s'apprête souvent d'éternels repentirs.

Au quatrième, las de vaines jouissances,
Le cœur d'autres besoins, d'autres feux se remplit ;
L'orgueil, l'ambition, leurs transports, leurs souffrances,
Viennent tout remplacer... Cependant on vieillit.

Au cinquième arrivé, le corps, l'esprit s'affaisse ;
Chaque jour, chaque instant voit briser un lien ;
On pense, on parle encore... Mais la toile se baisse;
Le spectacle finit, et l'homme n'est plus rien.

Quoi de plus juste et malheureusement de plus vrai que ces vers? aussi nous abstiendrons-nous de toute réflexion à cet égard.

Nous ne voulons pas qu'on nous fasse le reproche d'avoir fait dégénérer cette notice en une longue nomenclature des ouvrages de la princesse de Salm, aussi nous sommes-nous contentés de citer ceux qui nous ont paru les plus brillants, car ses travaux sont si étendus, qu'il nous eût fallu dépasser les limites qui nous sont assignées, si nous avions voulu les énumérer tous. Cependant, nous ne pouvons ni ne devons passer sous silence une des parties les plus remarquables des œuvres de la femme célèbre dont nous traçons l'existence littéraire. Ce sont ses œuvres en prose dont nous voulons parler.

On avait paru croire que madame Constance de Salm, tout en possédant un esprit analytique et une grande profondeur de raisonnement et de philosophie, pouvait manquer de sensibilité; elle répondit victorieusement en publiant *Vingt-quatre heures d'une femme sensible*. Ce roman, rempli de sentiments délicatement exprimés est assez connu, il eut le plus brillant succès et fut traduit en plusieurs langues étrangères; nous croyons inutile d'en parler davantage. Venons-en aux *Pensées morales et philosophiques* dont l'auteur publia la première partie quelques années après.

« Notre estime » comme l'a dit judicieusement Helvétius, « Notre estime pour les autres arts ou sciences est toujours proportionnée au rapport plus ou moins prochain qu'ils ont avec la science ou l'art auquel nous nous appliquons. Voilà pourquoi le géomètre a communément plus d'estime pour le physicien que pour le poète qui doit en accorder davantage à l'orateur qu'au géomètre. » Ceci est vrai certainement, en considérant quelques branches des connaissances humaines, mais une science comme la morale qui doit être traitée comme toute autre science, n'est-elle pas applicable et nécessaire à tout le monde. Chacun, quelle que soit d'ailleurs sa position dans la société, doit donc s'intéresser à la propagation d'une science qui tend à éclairer l'espèce humaine en général si elle ne peut la perfectionner. Nous pouvons dire que madame de Salm, scrutant profondément le cœur humain, a su, tout en généralisant les idées, découvrir le germe des événements qui se développent journellement dans le monde physique et moral; douée d'un esprit observateur elle a écrit un RECUEIL DE PENSÉES qu'elle a *amassées*, oui amassées, et c'est le mot, durant le cours de sa longue carrière en écrivant chaque jour toutes les pensées et les réflexions qui lui paraissaient devoir être utiles à l'humanité; ces pensées, comme elle l'a dit, *sont le fruit d'une longue suite d'observations faites pendant quarante années et non celui d'un long travail,* et elles ont cela de bon qu'elles ont été modifiées sans cesse, et que l'auteur a pu leur donner à chacune ce cachet de profonde vérité, apporté par cette expérience que le temps seul peut donner.

Ce *Recueil de pensées* est divisé en trois parties; la première a été consacrée aux pensées relatives aux hommes, à toutes leurs erreurs, résultat de leur caractère et de leurs passions; la seconde renferme les pensées graves, sévères et philosophiques. Ces deux premières seules ont été publiées, et la troisième doit paraître incessamment. Le succès qu'ont eu ces deux premières parties, succès dont on ne s'étonne point après en avoir fait la lecture, nous fait désirer avec impatience l'apparition de cette troisième et dernière partie, qui se composera de toutes les pensées qui ont rapport aux arts, et qui se rattachent plus particulièrement à la littérature, à l'étude et au progrès des lumières.

En 1833, madame de Salm publia *Mes soixante ans,* ou *Mes souvenirs politiques et littéraires.* Cet ouvrage, de plus de douze cents vers, est une œuvre d'une haute importance; dans ce poème, rempli de ces beaux vers, à la tournure facile, respirant cette hauteur de vues qui est généralement empreinte dans toutes ses idées, l'auteur a su avec sensibilité et avec chaleur, nous raconter l'histoire de sa longue existence, si pleine d'action, si laborieusement employée, et celle des grands événements qui, depuis soixante ans, ont bouleversé la France et y ont laissé de si profondes traces. Nous voudrions pouvoir citer ici quelques morceaux, que l'on peut dire historiques, de ce poème si remarquable, mais ses sujets sont tellement attachés l'un à l'autre, qu'il nous est impossible d'en extraire d'autres fragments que celui qui suit, inspiré à l'auteur par le bonheur de se retrouver dans son pays, après les guerres de 1814.

Mon pays... Quelle vive flamme
Son seul aspect portait dans mes sens, dans mon âme !
Que de grands souvenirs partout j'y retrouvais !
 Qu'avec transport j'y contemplais
 Ces lieux témoins de ma jeunesse,
De mes travaux, de ma brûlante ivresse !
 «Que ces amis qui m'entouraient,
 Ces vieux amis charmés de ma présence,
 Par leur présence aussi me ravissaient !
Ah ! mille maux encor sur nos têtes pesaient !
Mais rien ne me manquait, je revoyais la France !
 Amour des lieux où l'on reçut le jour
 De la patrie inexplicable amour,
Seul lien dont le temps, dont l'humaine faiblesse
 Jamais n'ait altéré l'effet.
Qu'es-tu ? Quel est ton but, ton invincible attrait ?
Qu'es-tu ? L'homme partout ne sent-il pas sans cesse
La terre sous ses pas et l'air autour de lui ?
Partout ne peut-il pas se créer un appui ?
La nature partout déployant sa richesse,
 N'offre-t-elle pas à ses yeux

De la vie et de la tendresse.
Sous mille aspects divers les trésors précieux
Et le calme des nuits et la clarté des cieux ?
Qu'es-tu, beau sentiment qui gouvernes la terre?
　　Ah! n'en doutons pas, un mystère,
Dont notre œil ne saurait percer la profondeur ;
　　Un des bienfaits du pouvoir tutélaire
　　Qui sur nous veille en sa grandeur,
Et qui de cet instinct qui nous est nécessaire,
Qui doit à notre insu régner dans notre cœur,
　　Dans sa sagesse a voulu faire,
　　De notre course passagère,
Et le premier besoin, et le premier bonheur.

Avant de citer en entier une dernière pièce de vers de l'auteur, qui prouvera à nos lecteurs que l'âge n'a pas affaibli la pensée de la princesse de Salm, ni attiédi cette chaleur de style qui règne dans tous ses écrits. Nous éprouvons le besoin de dire hautement combien nous avons à nous féliciter de la longue et intéressante lecture que nous avons faite de tous ces ouvrages. Sans vouloir faire ici de nouveaux éloges qui seraient toujours au dessous de la vérité, nous invitons nos lecteurs à lire avec attention les œuvres de madame de Salm, sans oublier les notes qui les terminent, et qui, sous tous les rapports, offrent un véritable intérêt.

Voici les derniers vers qu'a faits l'auteur, il y a quelques années (à 71 ans). Ce sont des stances dithyrambiques, adressées à un ami.

Tu veux savoir, ami, si l'âge qui me presse
En moi n'a pas éteint ce feu de ma jeunesse,
   Ce feu sacré qui remplissait mon cœur ;
    Ce feu dont m'embrasaient sans cesse
   La vérité, la justice, l'honneur.
Non, je n'ai rien perdu de cette ivresse sainte :
    Du temps elle brave l'atteinte ;
Par lui l'amour du bien ne peut être vaincu.

Jusqu'à mon dernier jour, grands pensers, noble flamme,
De généreux transports vous remplirez mon âme ;
   Je mourrai comme j'ai vécu !

   Je mourrai comme j'ai vécu,
   Bravant l'audace, l'injustice :
   Loyale, n'ayant jamais su
   Ni m'élever par l'artifice,
   Ni redouter un ennemi,
   Ni dans un homme voir un maître,
   Ni voir en paix briller le traître,
   Ni douter du cœur de l'ami.

Jusqu'à mon dernier jour, beaux transports, noble flamme,
   Oui, vous embraserez mon âme ;
   Je mourrai comme j'ai vécu !

   Je mourrai comme j'ai vécu,
   Dans le palais, dans la chaumière,
   Plaignant le faible, le vaincu,
   M'indignant contre l'arbitraire ;
   Cherchant, même au sein des honneurs,
   Dont le hasard dota ma vie,
   Un éclat plus digne d'envie,
   D'autres plaisirs, d'autres grandeurs.

Jusqu'à mon dernier jour, beaux transports, noble flamme,

Oui, vous embraserez mon âme ;
Je mourrai comme j'ai vécu !

Je mourrai comme j'ai vécu,
Consacrant mes travaux, ma vie,
Ce feu qu'en naissant j'ai reçu,
A combattre l'orgueil, l'envie,
A mettre au premier rang partout
Les droits et la noble pensée ;
Pour le bien toujours empressée,
Contre le mal toujours debout.

Jusqu'à mon dernier jour, beaux transports, noble flamme,
Oui, vous embraserez mon âme ;
Je mourrai comme j'ai vécu !

Je mourrai comme j'ai vécu,
Opposant l'amitié, l'étude,
Au malheur, à l'espoir déçu,
Résignée à l'ingratitude,
Mais sentant, même en excusant
L'erreur, les faiblesses humaines,
Tout mon sang bouillir dans mes veines,
Au nom, à l'aspect du méchant.

Jusqu'à mon dernier jour, beaux transports, noble flamme,
Oui, vous embraserez mon âme ;
Je mourrai comme j'ai vécu !

Je mourrai comme j'ai vécu,
Simple, mais juste, devant croire
Que, femmes, nous avons reçu
Ce qui des hommes fait la gloire,
Le talent ; offrant mon encens
Comme eux aux filles de Mémoire,

Et me riant dans la victoire
De leurs jaloux emportements.

Jusqu'à mon dernier jour, beaux transports noble flamme,
Oui, vous embraserez mon âme ;
Je mourrai comme j'ai vécu !

Je mourrai comme j'ai vécu,
Tranquille, en paix avec moi-même,
Sans la comprendre, ayant conçu
La grandeur d'un être suprême ;
Et me disant : de mes destins
Par lui la route fut tracée ;
Esprit, matière, âme, pensée,
Je remets tout entre ses mains.

Tu le vois, ami, cette flamme
Qui m'enivrait dans mes beaux jours
N'est pas éteinte dans mon âme ;
Elle l'embrasera toujours.
Oui, je le sens, par les efforts de l'âge,
Par le temps, ce noble courage
En moi ne sera pas vaincu.

Je pourrai dire encore à mon heure dernière :
Je vois la fin de ma carrière,
Mais je meurs comme j'ai vécu.

FIN.

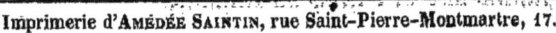

Imprimerie d'AMÉDÉE SAINTIN, rue Saint-Pierre-Montmartre, 17.

www.ingramcontent.com/pod-product-compliance
Lightning Source LLC
Chambersburg PA
CBHW060925050426
42453CB00010B/1864